[美]吴军 著

孩子的人类文明史

6

童趣出版有限公司编　人民邮电出版社出版

北京

图书在版编目（CIP）数据

给孩子的人类文明史 . 6 /（美）吴军著；童趣出版
有限公司编 . -- 北京：人民邮电出版社，2023.5
ISBN 978-7-115-60251-0

Ⅰ . ①给… Ⅱ . ①吴… ②童… Ⅲ . ①文化史 – 世界
– 少儿读物 Ⅳ . ① K103-49

中国国家版本馆 CIP 数据核字（2023）第 018397 号

著作权合同登记号　图字：01-2022-4729

著　　　　：［美］吴军
责任编辑：刘玉一　段亚珍
责任印制：李晓敏
美术设计：木　春　李新泉

编　　　　：童趣出版有限公司
出　　版：人民邮电出版社
地　　址：北京市丰台区成寿寺路 11 号邮电出版大厦（100164）
网　　址：www.childrenfun.com.cn

读者热线：010-81054177
经销电话：010-81054120

印　　刷：鸿博睿特（天津）印刷科技有限公司
开　　本：787×1092　1/16
印　　张：4.25
字　　数：80 千字
版　　次：2023 年 5 月第 1 版　2023 年 5 月第 1 次印刷
书　　号：ISBN 978-7-115-60251-0
定　　价：33.00 元

前言

公元前 3 世纪到公元 3 世纪的亚洲

在欧洲，希腊和罗马在文化上取得了辉煌的成就，为人类留下了宝贵的精神财富。

在东亚，秦始皇第一次在中国建立起大一统的帝国，随后大一统的帝国模式被汉朝继承下来。虽然中间经历过几年战乱，但是直到东汉末年，中国基本上维持了统一的局面。在这段时间，中国的科技和经济有了长期稳定的发展。而且，丝绸之路和海上丝绸之路的开通，标志着东西方古代文明的交流翻开了新篇章。

在西亚，安息帝国位于丝绸之路的中间点，依靠买卖东西方货物积累了大量财物；在南亚次大陆北部和中亚地区，贵霜帝国是各国贸易往来的交通要道，也是各大文明的交汇地点。

目　录

第一章

秦朝与汉朝

秦始皇
统一天下

  战国时期，在中国大地上各个诸侯国为争夺霸主地位不断发起战争。诸侯国的国君们希望提升自己的实力，拓展疆域，于是纷纷向有学识的人寻求治国办法，这促成了中国历史上思想文化"百家争鸣"的局面。

  战国末期，秦国国君利用法家思想治理秦国，在政治、军事和经济等方面做出了多项变革。变革之后，秦国国力日益强大，成为最强盛的诸侯国之一。

  公元前 230 年，秦国发动统一六国的战争，先后征服了韩、赵、魏、楚、燕、齐六个诸侯国。公元前 221 年，秦王嬴政（公元前 259—前 210 年）统一天下，建立起我国历史上第一个统一的国家。

▲ 秦始皇

秦朝统治者的治国方法

嬴政：我要当皇帝！

我们现在称古代君王为"皇帝"，而"皇帝"正是秦王嬴政创造的词语。

皇帝是什么意思呢？

这要从远古时期的三皇五帝开始讲起了。三皇和五帝是远古时期的几位帝王，现在一般的观点认为，三皇指的是燧人氏、伏羲氏和神农氏，五帝指的是黄帝轩辕氏、颛顼（zhuān xū）高阳氏、帝喾（kù）高辛氏、帝尧陶唐氏和帝舜有虞氏。嬴政认为自己的功劳胜过三皇和五帝，于是不再称自己为君王，而是从三皇五帝这四个字之中取了两个字，称自己为皇帝。相应地，他还建立了一套皇帝制度，强调皇权高于一切，皇位按世袭制进行传承。

嬴政自称"始皇帝"，史称"秦始皇"，他希望自己的子孙后代能够作为二世、三世，乃至万世，一直统治中国。但是，秦朝在秦二世胡亥统治时期就走到了终点，整个秦王朝仅存在十几年就灭亡了。

▲燧人氏　　▲伏羲氏　　▲神农氏

▲黄帝轩辕氏　▲颛顼高阳氏　▲帝喾高辛氏　▲帝尧陶唐氏　▲帝舜有虞氏

郡县制：统治地方的新办法

在秦朝之前，周朝对中央以外的地区实施分封制，天子把土地分给诸侯，诸侯又把土地分给各个贵族。久而久之，诸侯对天子形成了威胁，贵族又对诸侯形成了威胁。为了避免走上周朝诸侯称霸、贵族争雄的覆灭之路，秦始皇没有采用分封制，而是实施了郡县制。

与分封制类似，郡县制也是一种把国家划分为不同区域，从而方便统治者进行管理的制度。不过，郡、县的土地不归诸侯或贵族管理，而是归朝廷委派的官员管理。

秦朝的都城是咸阳，都城以外的地方被划分为 36 个郡（后来增至 40 多个），在各个郡中又设县。

秦朝的每个郡都有三种官员：郡守，为最高行政长官，掌管一切事务；郡尉，主要辅佐郡守，掌管全郡的军事；郡监，掌管监察工作。在郡以下的各县之中，最高官员称县令或县长。秦始皇主张加强中央集权，因此全国各郡县的主要官员由中央直接任免。

车同轨、书同文——促进天下的交流和发展

秦朝建立之初，被征服地区的百姓屈服于中央政府的强大武力，但内

▲ 秦朝官员

心并不认同新王朝的统治。为了管理民众，统一国家，秦始皇采取了一系列改革措施。

●统一法律，在全国范围内施行秦律

秦律以法家"人性本恶"的思想为基础，规定了多种多样的犯罪名目，以及相当严酷的惩罚手段。

●统一度量衡和货币

早在商鞅变法时，秦国就提出了度量衡标准。到了秦朝，被征服的地区都在秦国制度的基础上统一了度量衡。

除此之外，秦朝还统一了货币，规定黄金是上币，铜钱是下币。因为每一枚铜钱有半两重，钱币上还有"半两"二字，所以秦朝铜钱又称为"半两钱"或"秦半两"。

秦朝铜钱外圆内方，中间的方孔方便人们用绳子把许多钱币穿在一起。"圆形方孔"钱币是中国古代钱币的基本形式，沿用了很多年。

度量衡和货币的统一，便利了秦朝各地区的经济交流和发展。

▲秦半两

●统一车轨，修驰道

车轨，指的是车子两轮之间的距离。秦始皇严格规定车轨尺寸为秦朝的 6 尺宽，大约相当于今天的 138.6 厘米。人们提到秦始皇统一车轨，可能会误认为其目的只是方便车辆在道路上行驶。实际上，统一车轨的政治意义远大于交通意义。

战国时期，各个诸侯国的战车式样各有不同，车轨也各有区分，士兵们只要观察车轮留下的印迹，就能辨别这种车辆归属于哪个诸侯国。秦始皇统一车轨正是为了告诉大家：从今往后，天下车轨没有差别，各地百姓也不分彼此，全国疆土统一归秦朝管理。

统一六国后的第二年，秦国以咸阳为中心修建了许多条道路，成为覆盖全国的公路网络，也就是中国最早的"国道"——驰道。

秦朝驰道和罗马主干道有所区别，它的首要作用不是供商人经商，而是方便统治者巡视天下。另外，罗马主干道是用石头铺设的，秦朝驰道则以不利于植物生长的盐碱土铺设。用这种材料铺路，可以保证驰道上不长杂草，畅通无阻。

古人修筑道路不是一件容易的事，秦朝的驰道工程却开展迅速，规模宏大，其背后是众多平民百姓的过度付出。以驰道为主的秦朝工程，给百姓带来的更多是痛苦。

▲秦陵铜车马

▲阳陵虎符

●统一文字

在秦朝统一之前，各地文字自行发展，产生了较大的差异，导致人们看不懂其他诸侯国的文字。

秦始皇命令手下官员统一文字，制定笔画规整的小篆作为通用文字颁行全国，要求天下百姓统一使用这种文字。统一文字给人们的书面交流带来便利，同时也使得政令可以在全国各地顺利通行。

后来，社会上又流行一种更加简易的隶书，秦始皇派程邈对隶书进行整理，在全国推行。

在秦朝以后的历朝历代中，中国的书面文字始终保持统一，而各地的口头语言（方言）则各有不同。今天的中国依然保留了各地方言，但是学生会在学校里讲普通话。

秦刻石上的秦朝文字

据《史记》记载，秦始皇统一六国后，多次到各地巡视。为歌颂皇帝的功德，官员们在各地刻下石碑，被称作"秦刻石"，共七处。以地点作为命名方式，分别是《峄（yì）山刻石》《泰山刻石》《琅邪（láng yá）台刻石》《芝罘（fú）刻石》《东观刻石》《碣（jié）石刻石》和《会稽（kuàijī）刻石》。

《峄山刻石》是公元前219年秦始皇首次东巡刻于峄山（位于今山东省邹城市）的纪功刻石。相传，《峄山刻石》由李斯刻成。今原石已佚，右图中的碑文是北宋淳化四年（993年）郑文宝据南唐徐铉摹本重新刻成的。

《峄山刻石》采用了秦朝的标准统一字体，也就是小篆。相比后来的楷书和行书等字体，小篆用笔方式粗细均匀，转角处为弧形，因此看起来格外整齐划一。

焚书坑儒

秦始皇主张以法家思想作为治国方针，为了统一思想，秦始皇下令焚烧民间收藏的诸子百家著作，并且坑杀了大约460余名儒生方士，这一事件被称作"焚书坑儒"。

秦始皇只保留了秦国的史书和一些实用的书籍，比如医药、占卜和种树等方面的著作。

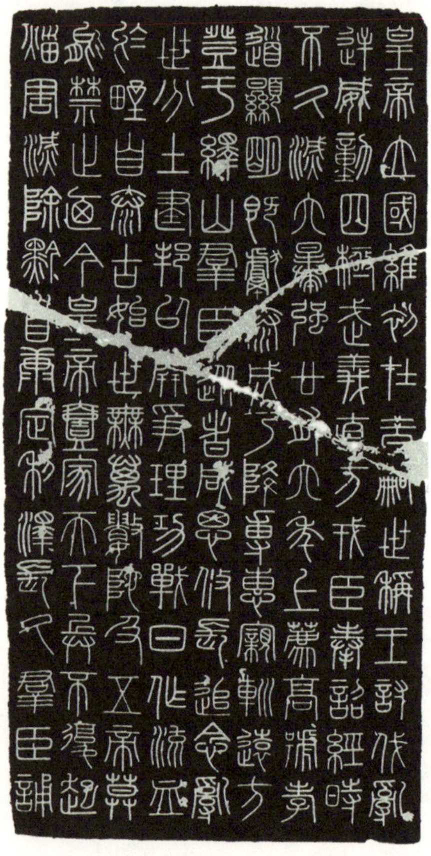

▲ 《峄山刻石》摹本

修建长城，抵御匈奴

在中国的北部草原、沙漠地带，生活着一个名叫匈奴的民族。由于当地的自然条件不适合作物生长，匈奴人也就没有发展起农业，而是以游牧为生。匈奴人拥有的物资相对短缺，文化水平也比较落后，因此对中原地带的资源十分向往，时常南下抢夺土地和财物。匈奴人擅长骑马射箭，个儿个儿都是训练有素的骑兵。相比之下，许多中原士兵是在入伍后才进行军事训练的，因此在双方的战争中处于劣势。

战国时期，燕、赵、秦三个诸侯国都曾修建防御城墙，目的是抵挡匈奴人的袭扰。到了秦朝，秦始皇派军队打败了匈奴人，并将战国时期的防御城墙扩建延伸，形成了东起辽东、西至临洮的万里城墙，也就是闻名世界的"万里长城"。

人们常说"不到长城非好汉"，但今天能供游客观光的长城几乎都不是秦朝时所建。秦长城距今已有2000多年历史，早已在漫长的岁月中坍塌衰败。今天的内蒙古自治区中部还留有一些秦长城的遗迹。在秦朝以后，历朝历代的统治者陆续修建了其他几座长城，我们所熟悉的北京明长城遗址（明朝时营建）就是其中之一。

秦朝以后的各个朝代中，长城既是军事防御线，也是中原农耕民族和北部游牧民族的生活分界线。

▼秦长城遗址

收缴各地武器

秦始皇下令收缴各地兵器，集中到咸阳进行销毁，并将其冶炼铸造为十二个各重千石（dàn）的钟镶（jù）铜人，希望用这种方式杜绝内乱发生。事实证明，他的做法对维护统治没有太大帮助。

秦末的动乱

秦朝时期，战乱平息，天下统一，百姓本应过上和平安稳的生活。可是，秦始皇不关心百姓的疾苦，先后开建了四项浩大的工程，并要求百姓服徭役，也就是无偿进行修造工作。这四项工程除了前文提到的驰道、长城，还有宏伟的宫殿"阿房宫"，豪华的陵墓"秦始皇陵"。

百姓外出做工，就没办法耕种田地。然而，大家不但没有得到工钱，还必须照常缴纳土地赋税。假如有人不服从徭役安排，那他很有可能要接受秦律规定的残酷刑罚。

公元前 209 年，农民陈胜和吴广两人不愿忍受现状，在大泽乡（今安徽省宿州市）率领同胞发起反对秦朝统治的起义斗争。这场斗争史称"陈胜、吴广起义"或"大泽乡起义"。

志向远大的陈胜

西汉历史学家司马迁（约公元前 145 或前 135—？）曾写下中国最重要、最伟大的历史著作之一——《史记》，这部书中有一篇文章是《陈涉世家》，记载了有关陈胜的故事。

文中提到，陈胜年轻时曾跟一起耕作的同乡们说过"苟富贵，无相忘"，意思是大家有朝一日富贵了，可不要

▶陈胜、吴广起义

忘记彼此。同乡们听后觉得好笑，在他们看来，穷苦人生来就是穷苦人，绝不可能有富贵的那一天。

陈胜不由得感慨："燕雀安知鸿鹄（hónghú）之志哉！"燕雀是小鸟，怎么会知道大鸟鸿鹄（天鹅）有何等远大的志向呢？

陈胜发动起义时，向他的伙伴呐喊："王侯将相宁有种乎！"那些王公贵族难道天生就有好命、更高贵吗？

陈胜、吴广起义虽然没有彻底推翻秦二世的统治，但在一定程度上加速了秦朝的覆灭，并且为人们开展反抗斗争做出了榜样。后来，各地百姓纷纷起义，最终推翻了秦朝的统治。

小知识

鸿门宴

秦朝灭亡后，各地军队之间展开了帝位争夺战，最具实力的两个派别代表是西楚霸王项羽（公元前232—前202年），以及汉王刘邦（公元前256或前247—前195年）。

▶鸿门宴

公元前206年，项羽摆下了著名的鸿门宴。当时，项羽邀请刘邦到咸阳郊外的鸿门（今陕西省西安市临潼区东北部）享用宴席，打算在席间杀死对方。刘邦提前得知项羽的计划，安排人手帮助他逃过一劫。后来，人们常用"鸿门宴"这个词来形容不怀好意的宴会或邀约。

楚汉之争历时四年，刘邦最终赢得胜利。

西汉：
从建立到鼎盛

公元前202年，刘邦建立了汉朝，他本人也成为后人所说的"汉高祖"。自公元前202年到公元220年，汉朝共持续了400多年，是中国历史上持续时间较长、影响力较大的朝代之一。

汉朝曾因动乱中断十几年，以动乱时期为界，前一阶段都城在西边的长安，被称作"西汉"；后一阶段都城在东边的洛阳，被称作"东汉"。

汉朝幅员辽阔，国力强盛，不但带动了周边国家和地区的文明进步，还跟波斯、印度和罗马等地产生了直接或间接的交流。

西汉建立于秦朝的残暴统治和秦末的战乱之后，那时天下田地荒芜，国家经济衰落，人口数量也由秦朝末年的3000万减少到1500万—1800万。皇帝出行时找不到四匹毛色相同的马来拉车，有些大臣出行只能坐牛车。

为了恢复社会发展，稳固统治地位，西汉的前几位皇帝都采取了休养生息的政策。休养生息，指的是统治者采取减轻百姓负担的措施，从而达到恢复生产、安定社会的目的。

▶汉高祖

西汉初年的治国方法

西汉初年，有些人认为秦朝灭亡跟郡县制有很大的关系——郡县制的确解决了周朝分封制下诸侯叛乱的问题，但地方郡县官员和皇帝没有血缘关系，也没有很强的意愿去维护王朝的统治。

分封制不可取，郡县制也有缺点，统治者应该如何管理国家呢？

刘邦把分封制和郡县制结合起来，分别采纳了两种制度的长处。他把建立汉朝的功臣以及自己的儿子和兄弟分封为王或侯。"王"拥有王国，跟周朝的诸侯类似，拥有管理地方区域的权力；"侯"拥有侯国，不具备实际权力，当地管理权归中央委派的官员所有。

西汉的统治稳定之后，刘邦陆续消灭了王侯中的"异姓王"（不姓刘的王），从此天下归刘氏家族独有。刘邦临终前说过"非刘氏而王者，天下共击之"，意在让大家共同维护刘氏家族的统治。

西汉初年沿用了秦朝的中央行政制度——三公九卿制，官员分为三公和九卿。三公是最为尊贵的三个官职，其中太尉负责军事，丞相负责行政，御史大夫负责监督、检查。九卿指的不是九位官员，而是众多官员，他们掌管宗教礼仪、宫廷警卫，以及外交和民族管理等事务。

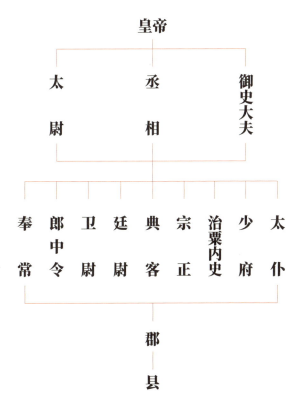

▲ 秦朝及西汉初年的政府组织

15

西汉初年，受封诸侯王实力有限，对统治者无法构成威胁。汉景帝刘启（公元前188—前141年）即位后，采纳了大臣晁错的建议，削夺诸侯王的封地。公元前154年，七个王国联合发动了一场叛乱，史称"七国之乱"。汉景帝虽然平定了内乱，但地方和中央相互对抗的问题仍旧没有得到根本解决。

汉武帝刘彻（公元前156—前87年）在位期间，颁行"推恩令"，巧妙地消除了地方对中央的威胁。

推恩令是一项什么样的措施呢？

西汉初年，王侯的嫡长子能够继承封地，其他儿子则无权继承。汉武帝施行推恩令之后，王侯的所有儿子都可以继承一部分封地作为王国或侯国，由皇帝制定封号。

表面看来，皇帝用推恩令把他的恩惠推及王侯所有的儿子。实际上，统治者靠这种办法达到了"大国不过十余城，小侯不过数十里"（大的受封王国不过十多个城池，小的侯国只拥有几十里地）的目标。由于受封国面积不大，王侯也就丧失了发动叛乱的必要条件。

自秦朝采取郡县制到汉武帝实施推恩令，中国在100年左右的时间里，中央集权得到了进一步的巩固。

▲汉武帝

汉朝的治国思想

董仲舒（公元前179—前104年）是汉朝的思想家、政治家，他认为国家统一的前提是思想学说的统一。公元前134年，董仲舒向汉武帝提出"罢黜百家，独尊儒术"（排除其他学派的学说，专门推行儒家学说）的建议，要求废除"六艺之科，孔子之书"范围以外的学说。汉武帝支持这项变革，大力提升儒家学派的地位。儒家思想成了2000多年来中华传统文化的主流。

根据国家治理需要，董仲舒将儒家思想与当时的社会需要相结合，并吸取了其他学派的理论，其中包含了法家、阴阳家等多家学说，创建了一个以儒家学说为核心的新的思想体系，深得汉武帝赞赏。

儒家思想不仅是中国的传统思想，同时也对周边国家和地区产生了影响。中国周边的民族原本有自己的文化特点，当他们接受儒家思想后，就会被看作融入了中华文明圈。

▲董仲舒

兴办太学

公元前124年，汉武帝在长安开设了一所教授儒家学说的学校，也就是著名的"太学"。太学是汉朝官方开办的最高学府，相当于今天的公立大学。

太学的老师被称作五经博士，学生被称为博士弟子（东汉时简称"太学"），以儒家的《诗经》《尚书》《礼记》《易经》《春秋》作为教材。

▼ 太学

在太学开办早期，五经博士和博士弟子一共只有 50 人。到了汉昭帝统治时，博士弟子达到了 100 人。汉成帝是西汉第九位皇帝，他认为应该向孔子学习办学，既然孔子有 3000 名弟子，那么博士弟子数量也应该扩充至 3000 人。西汉末年，外戚（皇帝的母族或妻族）王莽夺取了刘氏家族的政权，为了拉拢天下的读书人，他扩建了太学的校舍，使得博士弟子达上万人。

太学具备选拔官员的功能，因此成为普通读书人获得官职的通道。不过，读书人即便进入太学学习，也不一定能当官。

太学的影响

太学的创办带来两方面的积极影响。

通过太学，读书人拥有了为国家做贡献的机会。

西汉早期，人们必须在战场上立下军功，才能获得当官的机会。太学创立之后，读书人能够凭借考试获取官职，从而为统治者出谋划策，维护天下统一。

太学还培养了一批有责任感的知识分子。

其实，大部分博士弟子没能担任官职，但是他们在接受高等教育之后，积极地"以天下为己任"（把国家的兴盛当作自己的责任）。太学影响着一代又一代的读书人，它鼓励大家勇于承担社会责任，积极参与政治活动，时时不忘伸张正义。

从时间范围和地域范围来说，太学长期存在于汉朝及以后的各个历史朝代，并且对中原以外的其他地区产生了影响。

汉朝以后，历朝历代的中央政府持续开办太学（晋代以后，或设太学，或设国子学，或两者同设），不过其规模一直没有超过汉朝太学。在中华文明圈的边缘地区，朝鲜半岛的高句丽曾仿照我国设立太学；在 11 世纪时，越南也曾仿照我国开办太学。

▲博士弟子

西汉初年的经济政策

西汉初年，汉高祖刘邦希望提高人口数量，促进经济发展，因此采取了休养生息政策。他减免百姓徭役，减轻赋税，意图鼓励人们大力发展农业生产。同时，他废除了秦朝的严酷刑法，不再对触犯法律的百姓进行过度惩罚。

针对边疆地带，汉朝采取了与匈奴"和亲"的策略，在一定程度上解决了对外战争问题。所谓和亲，指的是汉朝皇帝将宗室女子嫁给匈奴首领单于，双方建立姻亲关系，因而减少了战争。

除此之外，汉朝统治者为加强中央集权采取了一系列经济措施，其中两项最为重要。

第一，盐铁官营。

盐和铁是人们的生活必需品，任何人掌握这两类物资的经营权，都能获得相当可观的经济收入。

▼古代制盐

此后的近2000年里，中央政府多次采用官营、专卖或增加赋税一类的经济措施，控制盐、铁、酒、茶等商品的生产和售卖。

第二，货币改革。

西汉初年，统治者为减少不必要的社会纷争，允许百姓继续使用秦朝货币，私人也可以铸造货币。随着铸造的货币越来越多，货币的价值也就越来越低，引发了通货膨胀问题。通货膨胀是指物品价格上涨、货币价值下降的现象。

为解决这一问题，汉武帝先后进行了多次货币改革。后来，汉朝统一了货币规格，并将铸造货币的权力集中到了中央。

汉武帝时期的主要货币是五铢钱，这种钱币以铜为原料，质量是五铢，方孔的左右两侧有小篆体的"五铢"二字，因此得名。五铢钱制作精良、字迹秀丽，人们私下很难仿造。

五铢钱长期存在于汉，魏，晋，南朝齐、梁、陈，北魏和隋等朝代，到唐朝时才被废止。五铢钱虽然分量轻、面值不大，但它是中国历史上流通时间最长的货币。

小知识

一贯铜钱

我们常常在历史资料或古代小说中看到"一贯铜钱"的说法。"铜钱"一般指的是五铢钱一类的铜制货币，而一贯钱币总共有 1000 枚。

在汉朝，买一只鸡大约需要 23 枚铜钱，一身衣服的布料大约需要 60 枚铜钱。汉语中有一个成语"家财万贯"，就是用来形容某户人家相当富有。

▲五铢钱

西汉的经济状况

西汉早期的几任皇帝都采用了休养生息的经济政策，经过几十年的发展，中国步入空前繁荣的时期，工业技术水平也达到了新的高峰。

冶铁技术

春秋战国时期，人们已经掌握了冶铁技术，但铁器还没有得到全面普及。到了秦朝，许多地区的百姓依然主要使用铜制或木制的农具。

西汉时期，冶铁技术发展成熟，黄河流域、长江流域，以及四川、岭南等地区都出现了冶铁产业。官方的铁器作坊规模很大，一年约有十万人投入生产，炼铁炉多达十几座。除了盐铁官营时期，其他时期私人也可以制造铁器，比较大的作坊中有上千名工人。

冶铁产业规模扩大后，铁变得比青铜更便宜，因此铁器在军队和百姓之中都得到了普及。西汉士兵能够使用剑、刀、矛、盾、铠甲等精良武器装备，这些装备是战胜匈奴的关键；西汉百姓耕田时可以使用锄、铲、镰刀、犁铧（huá）等铁制农具，生活中还有炉、锅、斧、锤、锯、剪刀等铁制用具。

▼古代冶铁

农业

西汉早期人口比较少，所以人人都拥有相当多的耕地。汉景帝时，人口数量恢复到了秦朝末年的水平，不过因为百姓还在持续开垦新耕地，每个人依然拥有大面积的耕地。西汉末年，人口增加到了近6000万，耕地面积比战国时期增加2倍以上。

由于土地多，百姓开始利用以牛和马为主的牲畜进行农业生产。人们给牲畜套上铁铧，这是一种农业工具，当牲畜前行时，后方的铁铧会深深划过土壤，能将耕起的土垡（fá）破碎和翻转。借助牲畜和先进的农具，粮食产量进一步提高，为西汉对外战争提供了保障。

手工业和对外贸易

早在商朝之前，北方百姓已经学会了用蚕丝做绸缎，发展起手工业中的丝绸业。到了汉朝初年，人们把丝绸业从黄河流域推广到四川和岭南地区。由于蚕的食物是桑叶，而南方气候更适合桑树生长，所以丝绸业在南方的发展十分迅速。

世界各地的商人从长安出发，把丝绸等商品经过层层转手，贩卖到印度、波斯和美索不达米亚，又间接把货物输送到罗马，形成了一条东西方早期的贸易通道。因为这条道路上最有代表性的商品是丝绸，所以19世纪德国地理学家李希霍芬将它命名为"丝绸之路"。

▲铁铧

▲素纱单衣（直裾）

西汉的衰落

汉武帝统治时期，国家经济先是有所衰落，后来又在 40 年里重新恢复了繁荣。

西汉末年，富裕人群以贵族、官员和商人为主，他们赋税比较轻，不断吞并穷人的土地，变得越来越富有；平民比较贫穷，他们赋税沉重，如果因天灾而收成不好，就不得不把土地卖给富人。

失去土地之后，穷人只能给贵族地主当奴婢或佃农（diànnóng），从而继续维持生活。奴婢类似于罗马的奴隶，没有人身自由；佃农以租种土地的方式进行农业生产，他们拥有人身自由，但需要向地主缴纳高额地租。相应地，地主不仅拥有土地，还能让奴婢和佃农帮自己劳作，因此越来越富有。

到了公元前 1 世纪末，西汉的社会结构发生了改变。在中央，王侯贵族的势力下降，而外戚掌握了相当大的权力。在地方，豪强地主和大商人具备强大的经济实力，能够影响官员处理公事。

王莽新政

西汉末年，由于皇室缺乏统治天下的能力，在半个世纪中，王氏家族和其他外戚家族轮流掌握实权。王莽（公元前 45—公元 23 年）出生在西汉末年的一个外戚家庭，他的姑妈王政君是汉元帝的皇后，汉成帝的母亲。

到了公元 9 年，王莽见时机已到，便以"禅让"的名义取代了西汉的统治。他建立了一个新的朝代，称为"新朝"。

▲王莽

为了解决当时的社会矛盾，王莽决定恢复周朝的制度。他效仿周朝，在官员制度、法律制度、经济制度和教育习俗等方面进行全面改革，史称"王莽改制"。

政治上，王莽的官员制度只套用了周朝的官员名称和职位设置，实际上既没有解决社会问题，也没有提高官员办事效率。

经济上，王莽推行王田、私属制，由中央政府统一分配土地，禁止私人占有或买卖，意图解决贵族和豪强地主兼并土地的问题；天下的奴婢，一律改称私属，都不许买卖。王莽还曾多次进行货币改革。他下令铸造的货币金属含量很低，面值却很高，引发了严重的通货膨胀。

教育习俗方面，王莽进行了一系列礼制改革，既烦琐又没有意义。

东汉历史学家、文学家班固（32—92年）编撰了一部名为《汉书》的历史著作，其中有一篇名为《王莽传》的文章，提到王莽建立新朝可谓是"紫色蛙声"。紫色蛙声指的是某人或某事不属于正统，不被认可。

▲班固

从西汉到东汉

西汉末年，汉朝中央政府和地方各郡县面临着不同的问题。在中央，实际掌权者由皇帝转变为外戚；在地方，贵族和豪强地主不断吞并平民百姓的土地，进一步扩大了贫富差距。

西汉皇室无力改变局面，王莽篡汉之后也是如此。他的改革不但没能解决社会问题，反而让新朝快速走向了灭亡。

新朝末年的农民起义：赤眉、绿林起义

新朝后期，天灾带来的饥荒加重了社会矛盾，各地百姓不满于王莽的统治，纷纷起义反抗。当时，南北两地各有一支影响力较大的起义军，分别是莒县（今属山东省）的赤眉军和绿（lù）林山（今湖北省京山市北大洪山）一带的绿林军。

赤眉军成员把眉毛染成赤红色，以便在战斗时分清敌人和同伴，因此而得名。我们现在会使用成语"绿林好汉"来形容那些聚众山林、反抗朝廷的起义者，其典故就来自绿林军起义一事。

公元 23 年，绿林军在昆阳（今河南省叶县）击败王莽军队主力。随后绿林军攻入长安，推翻了王莽政权。

▼农民起义

东汉的建立

最终统治天下的人正是后来的光武帝刘秀（公元前5—公元57年）。刘秀出身于豪强世家，是汉高祖刘邦的第九代孙。他年轻时曾前往太学学习儒家文化，后来和哥哥刘缤（yǎn）一同投身绿林军，参与起义斗争。起义过程中，刘缤一度获得相当高的威望，对军中首领形成了威胁，并因此惨遭杀害。刘秀是一位能屈能伸的大丈夫，他没有选择立即报仇，而是忍受屈辱前往河北发展自己的势力。很快，他得到了许多豪强世家的支持，一步步征服天下，最终接手了起义军打下的江山。

公元25年，刘秀登基称帝，恢复刘氏家族的统治，将汉朝延续下去。由于旧都城长安一带受战乱破坏严重，刘秀把都城迁到了长安东边的洛阳，自此起，汉朝史称东汉（或后汉）。

在刘秀麾下，有许多功臣助其统一天下、建立东汉政权。其中28位大将的功劳最大，被后人称作"云台二十八将"（东汉第二位皇帝刘庄曾派人在洛阳的云台阁绘制28位大将的画像，因此得名）。

▲刘秀

刘秀的两位皇后阴丽华和郭圣通也来自豪强世家，同样为王朝统治提供了支持。为感谢将领们和皇后家族提供的帮助，刘秀给了他们很高的地位以及大量的财富。

东汉中后期的豪强世家与宦官

在当时，豪强世家能够通过"举孝廉"让其地位和财富世代相传。

什么是"举孝廉"呢？

汉代的选官制度为察举制，根据皇帝诏令所规定的科目，由中央或地方的高级官员通过考察，向中央推荐士人或下级官吏。孝廉是察举制的主要科目之一。

孝，指的是孝顺；廉，指的是廉洁。由于豪强世家在地方的势力极大，他们通常能够通过"举孝廉"把自家子弟举荐到中央做官。到了东汉中后期，"举孝廉"实际上变成了豪强世家互相吹捧，弄虚作假，把持人才推荐的手段。中央政府官员基本由豪强

▲举孝廉者

29

世家子弟构成，普通百姓则失去了做官的机会。

举例来说，东汉高官杨震曾经担任太尉一职，他的后代杨秉、杨赐和杨彪也先后成为太尉，祖孙四人并称"四世太尉"。高官袁安家族中，祖孙四代连续担任三公级别的高官（东汉时期的三公，指的是掌管军权的太尉、掌管行政权的司徒和负责土木工程建设的司空），人称"四世三公"。

豪强世家子弟世代做高官，各大家族之间彼此通婚，逐渐形成了实力强大的利益共同体。在地方，豪强世家不但用大量土地和资源来进行农业生产，还广泛开展林业、畜牧业、渔业、工商业等经济产业，财力日益雄厚。他们把分享财富当作笼络人心的手段，团结内部宗族子弟，广泛招揽四方宾客，积累了相当高的威望和人气。此外，豪强世家子弟常雇用大量的奴仆和佃农，甚至组织自己的士兵队伍。久而久之，豪强世家变成了当地官员无法控制的势力，并能在一定程度上操控东汉的政治。

东汉第四位皇帝是汉和帝（79—105年），他登基时年纪较小，所以由他的母亲及皇室外戚来协助他治理国家。自汉和帝开始，东汉的几位皇帝登基时年纪都不大，于是外戚常常有机会掌握大权。

皇帝长大后想要亲自行使君权，而外戚却不肯让出权力，百般阻碍。为解决这一问题，皇帝通常会重用宦官来打压外戚。宦官虽然名字中带"官"，但实际上并不是真正意义上的官员，而是皇室家族的奴仆。东汉时期的宦官尤其特殊，他们身为奴仆，却有机会被封为侯爵。东汉历史约有200年，在其中的100多年里，外戚和宦官轮流把持朝政。

无论是外戚登上舞台，还是宦官得到重用，他们都需要拉拢豪强家族，再以提供社会地位和财富作为报答。这么一来，地方豪强的实力进一步增强，能够间接影响中央决策。

两汉相比较，西汉中央政府由立下军功或通过选拔的官员组成，政治相对清明；东汉中央政府由豪强世家子弟组成，且被外戚、宦官和地方豪强所左右，政治腐败。

▲宦官密谋

汉朝的对外关系

秦朝、汉朝与北方游牧民族

匈奴一直困扰着秦朝和汉朝的统治者们。秦汉历任统治者又是如何对待匈奴问题的呢?

匈奴人生活的地方降雨少、气温低、日照短,不适合发展农业生产。不过那里有许多河流湖泊,水草茂盛,适合发展畜牧业。

匈奴与中原的关系由来已久。早在先秦时期的古籍中就有匈奴与燕、赵、秦三国交往的记录。战国时期,匈奴人常南下抢夺中原各地资源,所以地处北方的燕、赵、秦三国都修建了长城,用来抵御匈奴人南下袭扰。

▼匈奴袭扰

秦朝时期，国力强盛，士兵们把匈奴人赶出了河套平原（位于今天的内蒙古自治区和宁夏回族自治区）。不过在秦朝覆灭前后，匈奴人不仅重新占领了这个地方，还击败了周边的大月氏和东胡。

汉朝初年，汉高祖刘邦亲自率领大军出击，被匈奴单于包围在今天山西省大同市东南部的白登山，通过贿赂单于的妻子才得以脱险。之后，考虑到休养生息的基本治国方略，刘邦对匈奴人采取和亲政策，先后送出十几位宗室女子，以及许多粮食和布匹，在一定程度上缓和了双方关系。

东汉时期，匈奴分裂为两部分，以南北作为区分。新的南匈奴归附于汉朝，北匈奴则留居漠北。从那以后，南匈奴人逐渐与中原人融合，成为农耕民族，北方匈奴问题大大减轻。

▼和亲的女子

汉朝与西域及其他地区

在地理上，现代人把今天甘肃省玉门关、阳关以西的地方，也就是现在新疆维吾尔自治区和更西的广大地区称作西域。

《汉书·西域传》中提到，西域有发展农耕、畜牧和商业的"三十六国"，多数国家的人口在两三万左右，最大的龟兹（qiūcí）国也不过8万人，不及汉朝一般大小的郡。

山脉与河流隔绝了中原与西域的往来，汉朝以前的中国百姓甚至不知道西域的存在。直到汉武帝与匈奴开战时，人们才从俘虏的口中得知，西域有一个叫"大月氏"的国家。因大月氏的国王被匈奴人杀死，两国关系比较紧张。考虑到敌人的敌人就是朋友，汉武帝决定联合大月氏一同对付匈奴。不过，怎么才能跟当地首领取得联系呢？公元前138年，汉武帝派遣郎官张骞（？—前114年）带领使团出使西域，希望能够实现两国结盟。

在那个年代，中原人得知大月氏的存在都是一场偶然，自长安去往大月氏的道路更是充满了未知与艰难。使团队伍主要面临两个难题：一是他

▲张骞

们对西域的情况一无所知，难以适应那里的地理环境和气候条件；二是沿途有许多匈奴人，他们必须处处留意。

旅途中的状况防不胜防，使团一进入匈奴控制下的西域地区，不出意外地被匈奴人抓获。张骞被匈奴单于囚禁了起来。

被扣留10余年之后，张骞和他的向导堂邑父（又称甘夫，他是被汉朝军队俘虏的匈奴人，也是张骞

出使西域的翻译官）终于逃了出来。他们历尽艰辛，走过一个个城邦，最终到达距离长安有上万里之遥的大宛（位于今天的费尔干纳盆地一带）。在大宛国国王的帮助下，两人继续向西行进，到达位于阿姆河流域一带的大月氏。但是，经过十几年的发展，大月氏已经变成了土地肥沃、民众安乐的国家，统治者不再有找匈奴报仇的念头。

张骞没能完成结盟使命，但他一路上收集了西域各国的众多信息。例如，他发现大月氏附近有一个大夏（在今兴都库什山与阿姆河之间），当地商人贩卖的货物中包含邛（qióng）竹杖和蜀布，而这两样商品都是中国四川地区的特产。中国人还对西域地区缺乏了解，中国商品却先一步来到了这里，这是为什么呢？原来，印度和中亚一带的人从中国进口商品，又把它们带到了大夏。

▼张骞出使西域

张骞和堂邑父带着对各地情况的了解，踏上了返程之路。为躲避匈奴人，他们特地绕路而行，却不幸地再次被匈奴人抓住。后来，匈奴单于去世，张骞和堂邑父找到机会逃脱控制，一路返回长安。

自公元前138年到公元前126年，张骞出使西域近13年。出发时，使团成员共有100多位，返回时却只剩下2人。汉武帝对张骞和堂邑父加以奖赏，封为重臣。

到了公元前119年，汉武帝再次派张骞出使西域。当时，匈奴被汉朝军队打败，因此没有对使团造成阻碍。张骞的新任务是让汉朝和西域乌孙结成同盟，共同阻止匈奴恢复势力。使团抵达西域时，乌孙已经发生了分裂，没有立即答应与汉朝结盟，但派遣了使臣跟随张骞回到长安了解情况。乌孙在进一步了解到汉朝的强盛后，最终与汉朝和亲，结成同盟。

出使乌孙的同时，张骞派遣手下到大宛、康居、大月氏、安息（又称帕提亚帝国）、印度等国家和地区开展外交活动，正式达成了中华文明和其他文明之间的交流关系。

之后，汉朝的商队抵达安息帝国，与西域建立了贸易关系，并通过西域间接地与欧洲发生商业往来。后来，他们行经的这条商路成为"丝绸之路"的主要道路。

公元前60年，西汉朝廷设置西域都护府，对西域进行有效的管辖。

西汉到东汉之间，中原大地内乱不断，统治者失去了对西域的控制。

公元73年，东汉官员班超（32—102年）随大将窦固一同攻打西域匈奴，得到了鄯善国的支援。后来的30多年中，班超长期从事外交活动，

▲丝绸之路上的经商队伍

逐步收回汉朝对西域各地的控制权，恢复了中原与西域之间的贸易活动。

公元 97 年，班超派遣甘英出使大秦（即罗马帝国），希望促成两国交往。但是，安息帝国的统治者阻止了甘英的计划——安息帝国地处东西方的中间点，当地人以倒卖双方商品获利，因此不希望中国人和罗马人越过他们直接交易。在安息帝国的阻挠下，甘英最终没有抵达罗马帝国。不过，甘英带回了有关罗马帝国的详细信息，这标志着东西方两大文明古国第一次发生接触。

▲班超

汉朝的科学技术

造纸术

商周时期，甲骨和竹简是古人常用的书写材料，它们十分沉重，不方便阅读和携带。

战国时期，人们会用绢帛（juàn bó）来书写文字。绢帛是一种非常薄的丝织品，价格十分昂贵，因此没能得到普及。

西汉的工匠尝试把植物纤维作为造纸材料，但做出的纸张质量不好，同样没能改变人们的书写方式。

东汉时期，宦官蔡伦（约62—121年）发明了一种更为先进的造纸术。他采用的原材料是树皮和破布等寻常物品，但做出的"蔡侯纸"既耐用又便宜。

在蔡伦之前，其他人也曾用类似的材料制造纸张，但并没有发明出一套完整、成熟、大批量生产的造纸工艺流程，所以今天我们通常认为，蔡伦是第一个发明造纸术的人。

造纸术被列为中国古代四大发明之一，主要原因在于它的价值和

▲蔡伦

意义。

在古代，世界上的各个文明都曾因战争遭到破坏，甚至毁灭。中华大地上同样爆发了多次战争，但中华文明却因造纸术得到了很好的传承——人们用便宜的纸张复制了数量可观的学说著作，因此文明的火种从未熄灭。

造纸术不仅有利于本土文化传播，同时也推动了世界文明的进程。

8世纪，阿拉伯人学会了造纸术，并把这一技术带到了大马士革和巴格达。12世纪，西班牙人拥有了第一个造纸作坊。又过了100多年，意大利人也学会了造纸术，并由此推动

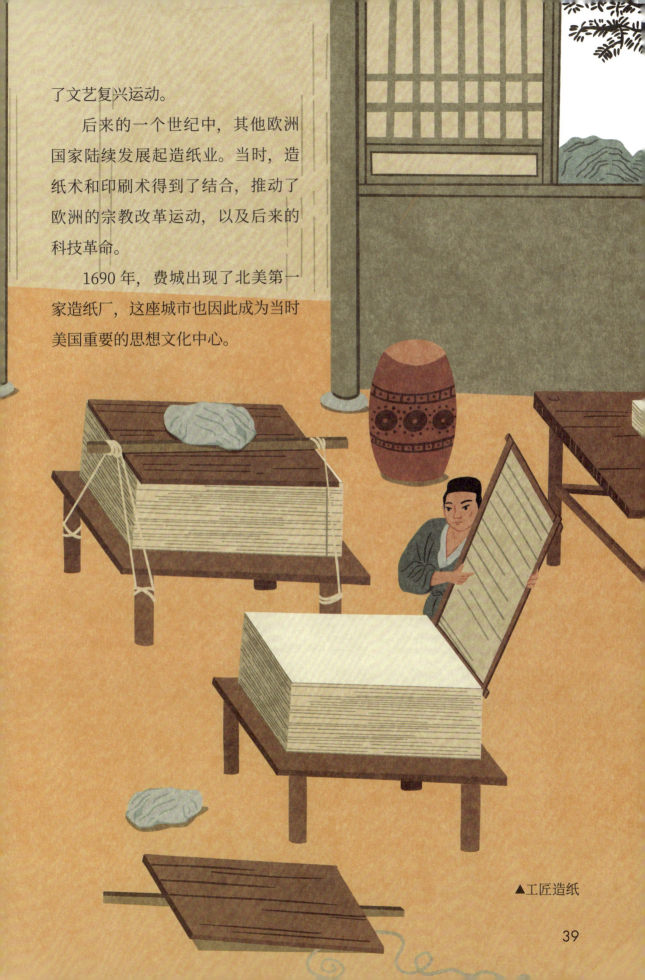

了文艺复兴运动。

后来的一个世纪中，其他欧洲国家陆续发展起造纸业。当时，造纸术和印刷术得到了结合，推动了欧洲的宗教改革运动，以及后来的科技革命。

1690 年，费城出现了北美第一家造纸厂，这座城市也因此成为当时美国重要的思想文化中心。

▲工匠造纸

数学、医学与天文学

《九章算术》是我国最早的数学著作之一，其中介绍了基本算术以及几何学等内容，它的出现标志着中国古代数学形成了完整的体系。我们今天无法考证这本书的作者是谁，不过能够确定它的主要内容在先秦已具备，秦末战火中散坏，经西汉张苍、耿寿昌先后删补而成，是对先秦以来数学成果的总结。

医学方面，战国成书、西汉编定的《黄帝内经》，约成书于东汉以前的《难经》，以及东汉时期的《神农本草经》《伤寒杂病论》是我国传统医学的四大经典著作。《伤寒杂病论》的作者是东汉末年著名医学家张仲景，他根据前人的医药学理论和自己的实践经验编撰了这部著作。其他几部著作没有明确的作者，很有可能是多个作者先后增补完成的。

▲张仲景

根据上述医学著作的记载，我们能够看出"脉象学说""经络学说"等传统医学的基本理论都形成于汉朝。

天文学方面，西汉时期的邓平、落下闳（luòxià hóng）等人制定了《太初历》，第一次把二十四节气编订在历法之中。

在《太初历》出现之前，百姓一般采用阴历来安排生活和农业生产活动。阴历，指的是以月亮绕地球运转周期作为参考的历法。阴历中每月月初，月亮的形状像细细的弯钩；到了中旬，月亮会变成圆盘一般的满月；到了月末，月亮又变回了弯钩的形状。人们即便不去翻看历法书籍，依然能够通过观察月亮形状的方法大致判断日期。

不过对于农业生产来说，地球绕太阳运转的周期意义更大。《太初历》是一种阴阳合历，在阴历中补充了阳历（主要按照地球绕太阳周期运动来安排的历法）的二十四节气时间表，指导人们进行农业生产。

除历法外，天文学家张衡改进了浑天仪。这种仪器与托勒密的地心说模型有相似之处，可供人们观察行星的运动关系。

汉朝的社会生活

汉朝的社会结构

汉朝社会：大家族地位高

汉朝仍然沿用郡县制，县级以下是乡、亭和里。"里"类似于今天的村庄，有百户人家，最高首领是"里魁"。秦朝和汉朝时期的百姓以家庭为单位进行劳动，因此，历任统治者都会开展针对各家各户的人口普查工作。他们派官员将每户人家的男性人数登记下来，既方便征收赋税，又有利于征召人手服劳役或兵役。

在汉朝的社会结构中，大家族的地位相对比较高。有些豪门家族人口过百，势力相当强盛。为了维持家族地位，豪门中的长辈会拿出一小部分钱财同村里人和宗族亲戚分享。此外，各大家族彼此通婚或结为联盟，拥有了控制地方政治的实力。

与大家族相对，小家族的地位比较低，他们被称作"孤门""细族"或"寒门"。

汉朝爵位：与经济待遇相关

汉朝沿用了秦朝的"二十等爵"制，每一级爵位都有相应的名称及经济待遇。秦朝时期，人们必须在战场上立功才能获得爵位。到了汉朝，国家相对和平安定，普通百姓也能被授予爵位。中下层百姓的最高爵位是第八级"公乘"，公乘以下仍须服役。

汉朝百姓的衣食住行

衣

汉朝普通百姓的服装款式比较单一，常见的服装一般以麻布为原料，衣着为长袍，衣服前襟左右相交，衣长可掩脚。汉朝的服装形式多样，衣袍也有短款。服装主要有两类颜色，一类是纺织品本色，另一类是染制而成的青绿色。

▼东汉的宅院

贵族和官员的服饰比较华丽，多以精美的绸缎制成。有些地方豪强大族成立了丝绸业工坊，因此他们也会穿着绸缎衣物。

▲西汉前期女性装扮

食

汉朝时期，中原与西域的贸易往来增多，许多非中原的作物被引进到国内，其中包括我们今天常见的蒜、葱、豇豆、胡麻、苜蓿、葡萄、核桃、石榴等作物。

《续汉书》中提到"汉灵帝好胡饭"，"胡"指的是中国北部或西域的民族，"胡饭"与米饭无关，是一种类似于卷饼的食物。除了胡饭，人们还会制作胡饼，也就是今天大家常吃的烧饼。

▲石榴

住

汉朝社会贫富差异较大，穷人和富人的住宅截然不同。

汉朝时期，长江以南的一些百姓住在干栏式住宅中，这种房屋下层是几根木桩撑起的仓库或牲畜圈，上层是供人使用的卧房。

北方的普通百姓的住宅多是单层民房，除居住空间外，还有庭院、水井、厕所土沟、畜圈等。

富裕人家的住宅是四合院，也就是前后左右四面都有房屋。有些贵族和豪强地主住在庄园中，甚至建造了具备防御功能的坞堡。

人们通常会在住宅外沿建造一圈围墙，普通百姓采用竹子或芦苇编成的篱笆墙，富人则用土壤和砂石筑成夯（hāng）土墙。

▲东汉时期彩釉陶鸡笼

▶东汉干栏式住宅

行

随着经济不断发展，人们大量饲养马匹，马车普及开来。汉武帝在位时，人们甚至需要向国家缴纳车辆税。

东汉时期，由于车辆太多，有些地方甚至会出现堵车的情况。

汉朝工匠发明了一种能够计算里程数的马车，这种车行驶一里，自动击鼓一下，因此被称作"记里鼓车"。有人猜测，记里鼓车可能类似于现在的出租车，能为百姓提供出行服务。

▼汉朝的牛车与马车

娱乐

无论是王公贵族，还是平民百姓，汉朝各阶层的人们都有自己的娱乐方式。根据史料记载，一些富裕的世家子弟喜欢斗鸡、赛狗、赛马一类的游戏；下层百姓有时会通过敲击瓦盆打节奏，吟唱歌谣。

▲击鼓说唱俑

▲东汉陶舞俑

汉朝中央政府有一个名为乐府的机构，其中的官员会到各地收集诗歌和音乐，再加以改编，方便宫廷乐师进行表演。后来，人们把乐府编撰的诗歌称为"乐府诗"。乐府诗是中国文学史上独特的诗歌体裁，它继承了《诗经》和《楚辞》的一些特点，为后来隋朝和唐朝的韵律诗奠定了基础。

▼杂技舞乐

乐府诗欣赏

江南

江南可采莲，莲叶何田田。

鱼戏莲叶间。

鱼戏莲叶东，鱼戏莲叶西，

鱼戏莲叶南，鱼戏莲叶北。

汉画像砖

画像砖指的是带有浮雕画像的砖块，主要分为空心砖和实心砖两种，通常出现在墓室建筑中。大的画像砖约有一个成年人张开双臂那么宽，小的画像砖和一本书差不多大。

汉朝画像砖出土数量最多，内容丰富，技法精湛，是一种相当独特的艺术载体。通过鉴赏和分析画像砖作品，我们能够对汉朝百姓的生活更加了解。

画像砖的题材包罗万象，主要分为以下几类：

第一，农牧渔猎等生产劳动场景，比如耕种、舂米、捕鱼、打猎；

第二，展现墓室主人生前的社会地位，比如乘坐高大马车出行的画面，或是阔气的庄园和坞堡场景；

第三，神话传说和历史故事，比如嫦娥奔月、秦王征战；

第四，植物、动物以及纹理图案，比如树木、猛虎或波浪纹等。

▲庖厨画像砖

▲辎车画像砖

结 语

秦王嬴政发动统一六国的战争，于公元前 221 年统一天下，建立了秦朝。他是中国历史上第一位自称"皇帝"的人，史称"秦始皇"。

秦始皇把法家思想作为治国方针，用郡县制取代了分封制，并做出许多重要改革：统一法律为秦律；统一度量衡、货币；修驰道，统一车轨；统一文字；修筑长城。

秦末爆发的农民起义推翻了秦朝的统治。

经过 4 年的楚汉之争，刘邦于公元前 202 年获得胜利，建立了汉朝。汉朝延续长达 400 多年，分为西汉和东汉两个时期，西汉时期都城在长安，东汉时期都城在洛阳。

汉武帝采纳了董仲舒"罢黜百家，独尊儒术"的提议，将儒家学说作为治国思想，并开办了当时的最高学府——太学。

公元 9 年，王莽建立了新朝，在政治、经济和教育习俗等方面实施了一系列恢复周朝制度的改革。他的改革是失败的，新朝仅持续了十几年。

新朝末年，北方的赤眉军和南方的绿林军分别发起反抗，推翻了王莽的统治。

公元 25 年，刘秀登基称帝，开启东汉时期。东汉中后期，多位皇帝在登基时年纪不大，造成了外戚和宦官轮流把持朝政的局面。

蔡伦发明了极具价值的造纸术。丝绸是丝绸之路上最重要的贸易商品之一。

数学、医学和天文学进一步发展，《九章算术》《伤寒杂病论》等典籍出现，人们开始用《太初历》指导农业生产活动。

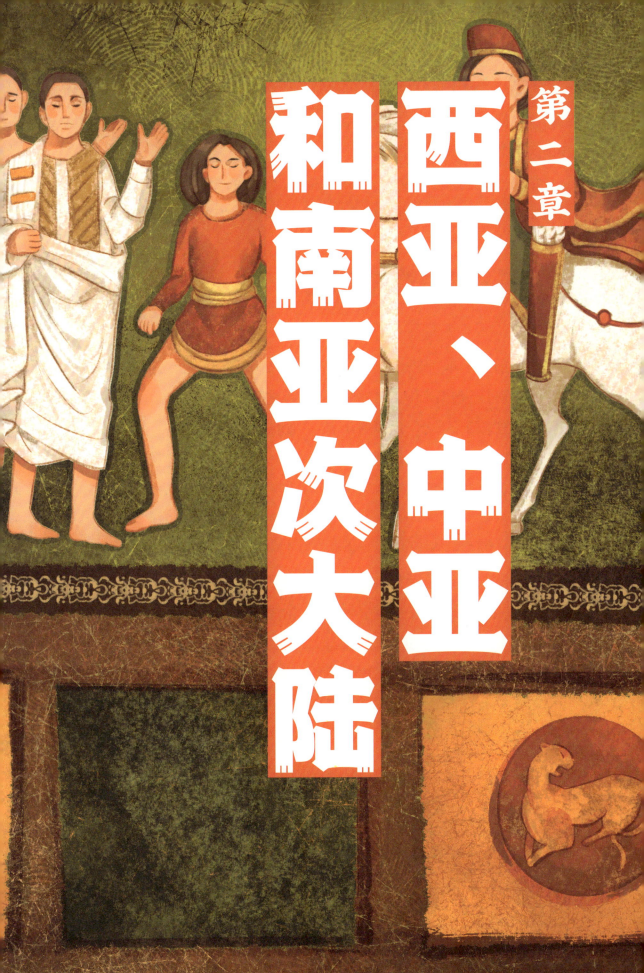

第二章

西亚、中亚
和南亚次大陆

大约公元前 3 世纪到公元 3 世纪，东方的秦汉帝国壮大繁荣，西方的罗马帝国辽阔雄盛，东西方两大帝国发生了贸易和文化交流，并且给其他国家和地区带来了极大的影响。

在东方和西方之间，西亚、中亚和南亚次大陆的文明也得到了进一步发展。两地文明各具特点，既受到了中国和罗马的影响，也反过来影响着东西方各国。

西亚：安息帝国

公元前 331 年，亚历山大征服了伊朗高原上的波斯帝国，将那里变成希腊化国家的一部分。后来的几十年中，希腊人先后在波斯地区建立多个王朝，但这些王朝存在的时间都不长。

公元前 247—公元 226 年，安息帝国成为继波斯帝国之后最大的波斯地区政权，因在中国历史文献中名叫"安息"而得名，又名帕提亚帝国。安息帝国的具体位置在美索不达米亚和南亚次大陆之间，地处丝绸之路的中间点，是当时世界上最重要的商贸中心之一。

安息帝国的历代统治者自称"万王之王"。他们效仿曾经的波斯帝王，把国家分为不同的行省，并且册封了多个附属国。不过，安息帝国不像波斯帝国那样强大，统治者没有建立起强有力的中央集权政府，对地方的控制能力也比较有限。

古罗马作家老普林尼（23—79年）所著的《自然史》一书记载，当时安息帝国一共有 18 个附属国，每个附属国都归当地首领管理，并且铸造了区别于其他附属国的货币。不仅附属国如此，位于国界附近的行省也享受着类似的自治权。不过，各附属国和各行省都承认安息帝国中央政府的最高统治权，按规定缴纳赋税，并提供军事支持。

▲安息帝国时期的货币

▲安息帝国许愿浮雕

以两国全盛时期的情况做比较，罗马帝国大约拥有安息帝国两倍的土地面积，以及五倍的人口数量。那么，安息人为何能够以弱胜强呢？

双方斗争中，安息军队以游牧人的骑兵战术战胜了强大的罗马军团。铁甲骑兵是安息帝国的主力军，他们来自贵族阶级。这些贵族会自己出钱购买武器，用参与战争的方式换取对地方的统治权。在战场上，铁甲骑兵通常身穿金属铠甲，手持坚固锐利的铁质长矛，几乎无敌。

安息帝国的军事

安息帝国曾经与罗马帝国为敌，双方都希望夺得对美索不达米亚的统治权。公元前53年，安息军队和罗马军队之间爆发了卡莱战役，罗马统帅克拉苏在战场上阵亡，直接导致他和恺撒、庞培的"前三头同盟"发生改变。在这次战役之后，罗马帝国和安息帝国不断发生冲突，但战争的规模都不大。

▲安息骑兵

安息帝国的商业和文化

安息帝国留下的文字史料不多，只有一些零散的羊皮纸文献和楔形文字文物。今天人们在研究安息帝国的历史时，常常需要参考古希腊、古罗马和中国古代的史书。

根据中国史料，张骞在第二次出使西域时，派遣使者拜访安息帝国，两国正式建立了贸易关系。在此后大约300年的历史中，安息帝国一直是丝绸之路的交通要道。在那里，中国商人贩卖丝绸和漆器等物品，同时也把当地或西方出产的毛织品和玻璃制品带回本土；罗马商人除了采购中国丝绸和当地物产，还会进口来自印度的香料、宝石等。安息帝国的一些行省和附属国政府对各地商人征收赋税，用这种方式获得了相当丰厚的收益。

安息文化既显现出波斯风貌，同时也具备希腊的艺术、建筑和宗教信仰等文化特点。

在安息帝国统治时期的前半段，几代国王都更亲近希腊文明，铸造了带有希腊字母的货币。艺术方面，其雕像也呈现出强烈的希腊化风格。

在安息帝国统治时期的后半段，国王们恢复了波斯传统，主张推广波

▲安息人

▲安息帝国步兵浮雕

斯文字和宗教，并且用琐罗亚斯德教的圣书《波斯古经》中的英雄名字为自己命名。这一时期，安息人停止使用希腊化国家的古马其顿历法，改为参考美索不达米亚文明中的巴比伦历法。另外，他们的艺术作品也以波斯特质代替了希腊化风格。

▲贵霜人石像

中亚和南亚次大陆

在南亚次大陆上，自孔雀王朝在约公元前187年覆灭后，这里的多个王国再也没能实现全面统一。在中国和罗马日益雄盛的时代，中亚和南亚次大陆上一共有三个实力相对强大的王朝，它们分别是南亚次大陆北部和中亚地区的贵霜帝国、南亚次大陆东北部的巽（xùn）伽王朝，以及南亚次大陆南部的百乘王朝。

贵霜帝国

贵霜帝国与安息帝国相邻，那里的统治者是大月氏的后人。另有一些历史学家见解不同，他们认为贵霜王室成员是中亚大夏本地人的后代。

从地理版图来看，贵霜帝国恰好处于中国、印度、罗马和安息的中间点，不仅是各国贸易往来的交通要道，同时也是各大文明的交汇地点。

商业方面，东西方各国商人来往于贵霜帝国，买卖中国的丝绸和漆器、印度的香料，以及罗马的玻璃制品和其他手工制品。与安息帝国的情况类似，贵霜政府也通过向各国商人征收商品赋税，积累了大量财富。

文化方面，贵霜帝国同时拥有希腊、罗马、波斯和印度的文化风格。当地不同面值的货币上带有各国文化元素图案，其中包括希腊宙斯、罗马皇帝、波斯琐罗亚斯德教祭坛、印度宗教的公牛和天神等。可见，贵霜帝国对各大文明十分宽容，愿意接受多种多样的文化元素。

贵霜帝国对各种宗教也持宽容态度，有些统治者信奉佛教，有些统治者则信奉婆罗门教或其他宗教。佛教创立之初，信徒们通过口口相传的方式学习和传播教义。贵霜帝国的统治者派人把教义记录下来，编撰了多部佛经。他们还把希腊神像雕刻艺术融入佛教信仰之中，开创了雕刻佛像的先河。

迦腻色伽是贵霜帝国历史上影响最大的君主之一，他在位期间，国力强盛。迦腻色伽本人是一位虔诚的佛教信徒，他派工匠修建了巨大的讲经堂，雕刻了许多佛像，并邀请有学问的佛学家一同探讨佛经。据说，迦腻色伽还曾组织举行了第四次佛典结集，场面极为壮观。

贵霜帝国是孔雀王朝之后新的世界佛教中心，佛教从这里传播到其他国家，影响着各国文明。我们今天能在云冈石窟等宗教圣地看到具有希腊风格的雕像，其原因正在于佛教经由贵霜帝国传入了中国。

▲贵霜帝国的钱币

巽伽王朝

在南亚次大陆的东北部，巽伽王朝继承了孔雀王朝的主要统治区域，也就是恒河的下游地区。巽伽王朝的历代统治者对待宗教并不宽容，有些统治者信奉婆罗门教，他们对佛教采取打压态度，一度破坏了很多寺院；有些统治者信奉佛教，他们会出面保护寺院和僧人。

巽伽王朝留下的历史资料有限，其最重要的一点在于统治者恢复了婆罗门教，对后来的印度产生很大影响。

▲巽伽王朝贵族文物

百乘王朝

南亚次大陆的南部有多个国家同时并存，其中最大的国家是百乘王朝。百乘王朝的军事力量有限，曾有两次濒临灭亡，也有两次走向兴盛。当地气候条件良好，地理环境优越，东边和西边分别是印度洋中的孟加拉湾与阿拉伯海，所以农业生产和海上贸易都发展得不错。

▲百乘王朝硬币

在古代，商人们会优先选择以出海的方式经商，这样可以节省赋税。每年夏季，印度洋上刮西南风，有助于商船借风帆往东北方向行驶。在此期间，印度商人纷纷前往东南亚地区做生意，而阿拉伯地区和非洲的商人也会来到印度开展贸易。每年冬季，西南风变为东北风，各地商船刚好借风力返航。

罗马帝国时期，罗马政府和百乘政府建立了商业往来关系，两国共同管理印度洋贸易，并制定了相应的商品赋税制度。

海上丝绸之路

在古典时代，人们不仅建立了丝绸之路，同时也开通了海上丝绸之路，二者都是极其重要的古代贸易路线。

海上丝绸之路的起点位于中国，中间点在印度，终点则是东非和欧洲。丝绸之路和海上丝绸之路的开辟具有划时代的意义——亚欧大陆的东西两端建立起了直接的往来，中国古典文明和西方古典文明的交流翻开了新篇章。

印度人在购买丝绸和漆器之后，还会把这些商品运往埃及和波斯等地，以及一些希腊化国家和罗马帝国。公元1世纪到2世纪，印度和罗马之间的贸易往来达到了巅峰。

▲西汉弦纹玻璃杯

▲俑座陶灯

结 语

公元前 3 世纪到公元 3 世纪，东方的中国和西方的罗马日益强盛，两地之间的西亚、中亚和南亚次大陆也因地处贸易要道而繁荣。

在西亚，安息帝国位于丝绸之路的中间点，依靠买卖东西方货物积累了大量财富。安息人拥有先进的冶铁技术，他们能够制造质地精良的武器装备，军事力量十分强大。文化方面，安息帝国兼具波斯和希腊两种文化特点。

位于南亚次大陆北部和中亚地区的贵霜帝国拥有多种文化元素，并且发展为新的佛教中心，将佛教推广到中国等国家和地区。巽伽王朝继承了孔雀王朝的主要统治区域，统治者恢复了婆罗门教。百乘王朝有着得天独厚的地理优势，是海上丝绸之路的重要枢纽。